W0033366

Crown & Cushion

GUTER ZAUBER

Sachiel.

GUTER ZAUBER

für

WOHLSTAND UND ERFOLG

*Weisheiten
der
Hexe Bree*

Scherz

Für meine wunderbare Freundin und
hervorragende Professorin, die Phänomenologin
Joanne Uehara Ford, die mich die Zauberkraft des
geschriebenen Wortes verstehen lehrte.

ÜBERSETZT AUS DEM ENGLISCHEN
VON MAJA UEBERLE-PFAFF

Die Originalausgabe erschien unter dem Titel
«Witch's Brew. Good Spells for Prosperity»
bei Chronicle Books, San Francisco.

Erste Auflage 2001
Copyright © 2001 by Herter Studio.
All rights reserved.
First published in English by Chronicle Books,
San Francisco, California.
Alle deutschsprachigen Rechte beim Scherz Verlag,
Bern, München, Wien.
Alle Rechte der Verbreitung, auch durch Funk,
Fernsehen, fotomechanische Wiedergabe,
Tonträger jeder Art und auszugsweisen
Nachdruck, sind vorbehalten.
Druck und Bindung: Poligrafici
Calderara S.p.A., Bologna, Italien

Die Zauberrituale

Innerhalb dieser irdenen Gefäße

befinden sich Lauben und Grotten und

darin weilt der Schöpfer.

Diese Gefäße enthalten die sieben Ozeane

und die ungezählten Sterne.

KABIR

EINLEITUNG

Seit Jahrhunderten wissen Hexen,
dass GLÜCK nichts Zufälliges oder Geheimnisvolles ist.
Dank der weisen Frauen in meiner Familie, die ihre
«Berufsgeheimnisse» offen legten, lernte ich
sehr früh im Leben, dass ich mein Schicksal selbst in
die Hand nehmen und meinen Willen durch
die Instrumente der Magie in die Wirklichkeit
umsetzen konnte.

Ich habe nie mit dem Ziel gezaubert,
zu Geld zu kommen, aber ich habe mit Hilfe
der Magie ein schönes **Zuhause** gefunden,
berufliche **Chancen** ergreifen und anderen helfen können.
Meine Umgebung hat sich immer über mein
so genanntes «Glück» gewundert oder gemeint,
mir stünde eine Schar von Schutzengeln zur Seite.
Aber Glück und Engel haben
nichts miteinander zu tun.

Als ich ohne einen Pfennig nach San Francisco
kam und feststellte, dass die Mieten zehnmal höher waren,
als ich es mir leisten konnte, waren meine Freunde
beeindruckt, dass ich gleich am ersten Tag
meiner Arbeitssuche eine Stelle fand und wenige Tage
später eine schöne, geräumige Wohnung (zu der
sogar eine kleine hexenfreundliche Kuppel gehörte).
Nichts davon geschah jedoch **zufällig**,
das kann ich euch versichern …

Sobald man sich bewusst mit dem Thema beschäftigt,
merkt man, dass es in der eigenen **Macht** steht,
sich bewusst für Wohlstand und Erfolg zu **entscheiden**.
Wenn man materiell abgesichert ist, braucht man
sich nicht mehr so viel um weltliche Dinge zu sorgen.
Man kann einen Schritt weitergehen und
wahren Reichtum erlangen – das Leben genießen,
mit Familie und Freunden zusammen sein und tun,
was einem Spaß macht.

Wohlstand und Erfolg haben mit Ausweitung zu tun – man öffnet seinen Horizont und **bereichert** Geist und Seele, man kümmert sich um wahre Reichtümer wie Gesundheit und Glück. Jede Hexe steht mit beiden Beinen auf der Erde, auch wenn sie auf ihrem spirituellen Pfad wandelt. Sie weiß, dass wir in einer Welt gnadenloser Konkurrenz leben. Erfolg durch Magie ist eine Art, sich nicht in diesem Wettbewerb zu verschleißen. Hier liegt der Schlüssel für ein buntes, reichhaltiges Leben ohne unnötige Kämpfe.

Hexen kümmern sich seit jeher um ECHTEN REICHTUM.
Erfolg, Glück, Wohlstand und Sicherheit gehören
zum häuslichen Leben, über das gute Hexen wachen.
Wenn du mit offenen Augen und Ohren durch
die Welt gehst, entdeckst du überall überlieferte Zeichen
und Symbole. Jedes Kind weiß, dass ein vierblättriges
Kleeblatt Glück bringt. Und es ist sicher kein Zufall,
dass Papiergeld mit merkwürdigen alten Symbolen
bedruckt ist. Diese und andere «abergläubische»
Bräuche sind im Grunde bewährte Volksweisheiten,
die über Jahrhunderte weitergegeben wurden.

Jeder Tag birgt Chancen zum **Wachstum** in allen Bereichen deines Lebens, und das Maß des Erfolgs hängt ganz allein von dir ab. Manche Menschen verstehen unter Erfolg eine Menge Geld, andere Landbesitz und Immobilien, wieder andere kreieren erfolgreich ein schönes Gemälde oder eine Skulptur oder legen einen prachtvollen Garten an. Du musst wissen, was dir im Leben von Bedeutung ist. Wenn du dir darüber im Klaren bist, bist du auf dem Weg der Verwirklichung deiner Träume schon ein gutes Stück weiter.

PRAKTISCHE MAGIE

Jede **gute Hexe** weiß, dass die besten Zutaten für ihre
Tränke in ihrer KÜCHE oder ihrem GARTEN zu finden
sind. Viele Pflanzen, die heute als Unkräuter gelten,
besitzen eine große Heilkraft und magische Eigenschaften.
Die meisten Kräuter und ätherischen Öle in diesem Buch
sind mittlerweile sehr bekannt. Öle, Duftkerzen
und andere Produkte der **Aromatherapie** sind
im Handel erhältlich. Die ungewöhnlicheren
Ingredienzien bekommst du am ehesten in einem
Biomarkt, Naturkostladen oder über den Esoterikbedarf.

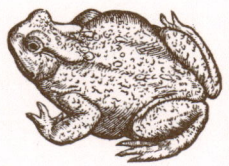

Frosch:
In Japan kündigt der Frosch Glück und Erfolg an.

Alle Zutaten, die in diesem Buch genannt werden,
sind harmlos. Konsultiere jedoch einen Arzt,
wenn du besonders empfindlich bist und unter
Allergien leidest.

MONDPHASEN

Ein Zauberritual ist **besonders wirkungsvoll**,
wenn es zu einem optimalen Zeitpunkt innerhalb
des MONDZYKLUS durchgeführt wird.
Jeder Mondzyklus beginnt mit einer «neuen» Phase,
wenn der Mond zwischen der Sonne und der Erde steht,
so dass die beleuchtete Seite von der Erde aus nicht
sichtbar ist. Dann nimmt der Mond allmählich zu,
bis er auf der entgegengesetzten Erdseite angelangt ist.
Wenn der Mond diese erreicht hat, nennen wir die
hell leuchtende Mondscheibe den **Vollmond**.
Der Mond wandert danach wieder zwischen Erde und
Sonne, bis die **Neumondphase** erreicht ist.

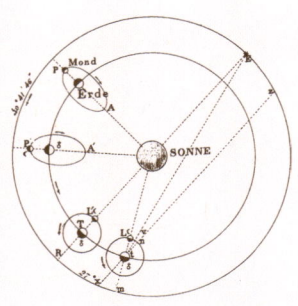

Der gesamte Zyklus dauert einen Monat,
währenddessen der Mond die Erde umkreist. Um das
Sonnenzeichen zu bestimmen, das den Mond
beherrscht, brauchst du einen Mondkalender oder
einen astrologischen Kalender. Der Mond tritt alle zwei
bis drei Tage in ein neues Zeichen ein.

19

DIE
ZAUBERRITUALE

Talisman für Wohlstand und Erfolg:
mit einem weißen Band am linken Unterarm festbinden
und mit der rechten Hand berühren.

Wahrer Reichtum

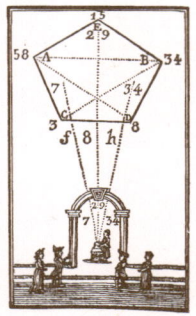

Pentagonale Figur für Glück und Erfolg

ALTAR FÜR
WOHLSTAND UND ERFOLG

Der **ALTAR** ist der Mittelpunkt deiner
magischen Kräfte. Er ist zudem der Ort, an dem du
der Göttin Gaben darbringst. Du kannst deinen
Wohlstand mehren, indem du dem Altar
volle Aufmerksamkeit zuwendest und dich
an eines der Grundprinzipien
überlieferter Erfolgsrezepte erinnerst:
GIB, SO WIRST DU ERHALTEN.

Leg über einen niedrigen Tisch **grüne und
goldene Tücher** oder Schals und suche farblich passende
Kerzen aus. Du kannst den Altar mit neuer Energie
«aufladen», wenn du jeden Tag einen kleinen Gegenstand
darbringst, zum Beispiel eine Blume, einen
Quarzkristall, duftendes Ambraharz oder
Kieselsteine in Münzenform.
Zünde bei Neumond um Mitternacht
die Altarkerzen an und verbrenne Weihrauch oder Myrrhe.
Leg ein Tigerauge oder einen Zitrin und einen
goldenen Apfel oder einen Pfirsich dazu und salbe
dein «Drittes Auge» (in der Mitte der Stirn) mit einem
ätherischen Öl wie Myrrhe, Weihrauch,
Apfel oder Pfirsich.

Sprich laut:

Dies bringe ich dar als Segen für alle hienieden,
Wohlergehen und irdische Gaben seien uns beschieden.
Glück und Segen.

Lass die Kerzen die ganze Nacht brennen und
träume davon, dass alle Menschen, die du liebst, du selbst
eingeschlossen, eine materielle und spirituelle
Ernte einbringen.

INNERE KLARHEIT

Wenn du noch nicht viel Erfahrung im Umgang
mit Magie hast, kann es passieren, dass du – unbewusst –
Formeln aussprichst, die dir Stolpersteine in den
Weg legen. Um den Weg zu Wohlstand und Erfolg
zu bereiten, setze dich mit einer makellosen **weißen Rose**
vor den Altar. Zünde mit geschlossenen Augen
eine weiße Kerze an. Schicke alle Gedanken fort und
atme tief durch. Wenn du am Scheitelpunkt des Kopfes
eine Vibration spürst, blicke fest in die Flamme
und wiederhole siebenmal:

Ich bin lebendig. Ich habe Macht. Es ist wahr.

translate   [trænz'leɪt]   nepe-
носить;   [trænz'leɪt]   nepe-
водить,   перекладывать;   nepe-
        дача;   словопере-
curзатиь   message;   преобра-
        from   into   Raдiйно-
        American-English   satelliteовеrо
an   process,   e   satelliteовеrо
translate   [trænz'leɪt]   nepe-
translater   [trænz'leɪt]   nepe-
translator   [træns'leɪtə]   nepe-
переводчик   n   (a   transmitter);   expansив-
вач   и   transmitting)   and   прием-
        ß   [translocation   sta-
translation   ß   [translocatio   sta-
translator   [trænz'leɪtə]   тру-

Ucorum Stabius ordinauit:
Conradus Heinfogel Stellas
posuit
Albertus Durer imaginibus
circumscripsit.

ZAUBERSCHNÜRE

Willst du etwas oder jemanden an dich **binden**,
führe das folgende Ritual bei zunehmendem Mond
oder Vollmond durch. Um sich von etwas Unerwünschtem
zu **befreien**, ist der Schnurzauber bei abnehmendem
Mond oder Neumond zu empfehlen. Danach sollten
die Schnüre der Erde zurückgegeben werden,
indem sie vergraben oder in ein Gewässer geworfen
werden, am besten in einen Fluss.
Du brauchst Schnüre oder feste Bindfäden in Grün
oder Gold. Halte den Faden in beiden Händen
und visualisiere deinen Wunsch.

Knüpfe die Knoten, während du laut sprichst:

Bei Knoten eins fängt der Zauber an,

Bei Knoten zwei wirkt der Zauberbann,

Bei Knoten drei ist mein Wunsch befreit,

Bei Knoten vier herrscht Reichhaltigkeit,

Bei Knoten fünf mehrt sich, was ich hab,

Bei Knoten sechs wehr ich Unheil ab,

Bei Knoten sieben, so stehts geschrieben,

So soll es sein.

RING DER KRAFT

Die Anhänger an einem klassischen **Glücksarmband**
sind oft magische Symbole, die die Wünsche
der Trägerin darstellen. Wohlstand symbolisiert eine
römische Münze, Liebe natürlich ein Herz. Ein **Ring** aus
reinem Silber, am kleinen Finger der rechten Hand
getragen, hat große **magische Kraft**, besonders wenn das
eigene Sternzeichen und das heilige Pentagramm
eingraviert sind. Um dem Ring eine Schutz gebende
Macht zu verleihen, drücke ihn an dein Herz und rufe laut:

Ring der Kraft, schütze und bewahre mich.
Glück und Segen.

KLARHEIT DURCH RÄUCHERWERK

Mit einem «Mittwochsritual» findest du Zugang
zu deinen prophetischen Fähigkeiten. Du brauchst dazu:

3 Hand voll gemahlene Chicoréewurzel

1 Hand voll gemahlene Nelken

3 Hand voll Fingerkraut*

* Fingerkraut gehört zur Familie der Löwenzahngewächse.
Wenn du keines findest, ersetze es durch Farmwedel.

Mische und verbrenne die **Kräuter** im Kamin
oder auf dem Altar, während du dich auf eine bestimmte
Frage konzentrierst, zum Beispiel ob du eine neuen Job
suchen oder dich selbständig machen sollst. Befreie deinen
Geist von allen Bedenken, Sorgen und unnützen
Gedanken, damit reines Verständnis eindringen kann.
Antworten werden kommen.

TELEPATHIETEE

Der Vollmond ist die perfekte Zeit, um dein **prophetisches Potential** freizusetzen, wenn du Entscheidungen über Investitionen, berufliche Chancen und Strategien treffen willst. Schärfe deine Sinne mit einem der folgenden Kräutertees:

BORRETSCH: ein verbreitetes Kraut, das von Jupiter, dem Planeten des Wohlstands, regiert wird.

BEIFUSS: seit Jahrhunderten ein Lieblingskraut der Hexen, der Venus zugeordnet.

SCHAFGARBE: trinke diesen Tee vor jedem Kerzen-Ritual, um tiefere Einsichten zu erhalten.

LÖWENZAHNWURZEL: zerstoße die Wurzel und brühe daraus einen Tee auf, den du im Mondlicht trinkst.

Der bescheidene, von Gärtnern verabscheute **Löwenzahn** verbirgt seine **Macht** geschickt. Ein Tee aus Löwenzahnwurzeln ruft den Geist derjenigen Person herbei, deren Hilfe du brauchst. Stell den Tee auf deinen Nachttisch und sage den Namen der Person siebenmal; er oder sie wird dich im Traum besuchen und deine Fragen beantworten. Im Mittelalter wurde diese Methode dazu verwendet, verlorene Schätze wiederzufinden.

FARBMAGIE

Kerzenmagie ist ein Hauptpfeiler der Hexenkunst. Ich zünde jeden Abend Kerzen an und nehme auch immer einige auf Reisen mit. Damit ihre Magie wirkt, brauchst du nur die Grundprinzipien der **Farbmagie** anzuwenden: wähle aus der folgenden Liste die passende Farbe. Beginne an einem geeigneten Tag mit dem Ritual. Wiederhole es an sieben aufeinander folgenden Tagen mit einer Kerze derselben Farbe. Auf Reisen kannst du einen Ort als Altar weihen, indem du die Beschwörungsformel am Beginn dieses Kapitels rezitierst.

SONNTAG

Den Sonntag regiert die Sonne;
Gold oder Rot haben guten Einfluss auf den Chef,
auf eine Beförderung, auf Gesundheit, Ruhm und Erfolg.

MONTAG

Dieser Tag wird vom Mond regiert; Silber oder Orange
beeinflussen das Zuhause und die Gefühle.

DIENSTAG

Es herrscht der Planet Mars; Gelb ist die
geeignete Farbe, um Aggressionen, Sexualität,
Konflikte und Vertrauen zu steuern.

MITTWOCH

Merkur herrscht; Grün ist die Farbe für Kommunikation,
Lernen und rasche Auffassungsgabe.

DONNERSTAG

Der Tag des Jupiter; die Farbe Blau beeinflusst medizinische und juristische Fragen, Geld, Geistiges, die Integrität, Sicherheit und Geborgenheit.

FREITAG

Der Tag, den Venus regiert. Mit der Farbe Indigo nimmst du Einfluss auf Ästhetik und Schönheit, Ehe, Beziehungen, Theater, Kunst, Musik und die Familie.

SONNABEND

Saturn herrscht; Schwarz steht für Urteilen, Widerstände, Eigentum, Schaden.

Zauberformel bei der Jobsuche

Ich will verraten, wie ich an meinem ersten Tag in San
Francisco eine tolle Arbeitsstelle fand, für die ich
eigentlich nicht qualifiziert war, und zudem nach einer
viertägigen Fahrt quer durch den Kontinent aussah wie
eine Vogelscheuche!
Zünde eine goldene oder rote Kerze an. Wiederhole die
folgende Formel achtmal, während du dir vorstellst,
wie du im gewünschten Job arbeitest:

Ich sehe die perfekte Arbeit für mich; ich sehe den Ort des Erfolgs.
Mein Herzenswunsch wird sich erfüllen.
Mein neuer Chef wird es nie bereuen. Diese Stelle
Wird jetzt zu mir kommen.
Keinem entstehe Schaden, das gelobe ich.
So möge es sein.

Baden im Geld

Dieses Ritual ist am wirksamsten, wenn es
Donnerstagnacht bei Neumond oder Vollmond
vollzogen wird. Lass **Badewasser** ein und gieße das
ätherische Öl «Grüner Apfel» oder Zitronenverbene dazu.
Bade im Licht einer einzigen grünen Kerze. Meditiere mit
geschlossenen Augen über deine wahren Wünsche.
Was bedeutet für dich persönlicher Reichtum?
Was brauchst du und was willst du wirklich? Wenn sich
die Antworten eingestellt haben, konzentriere dich
auf die Kerzenflamme und flüstere:

Hier und jetzt ist meine Absicht offenbar.
Was ich brauche, kommt, neues Glück wird wahr.
Schaden entstehe keinem, Nutzen jedoch allen.
Glück und Segen.

MAGIE GEGEN MISSERFOLGE

Vielleicht sind dir in letzter Zeit eine Reihe von Missgeschicken zugestoßen – Probleme bei der Arbeit, mit den Finanzen –, die sich deiner Kontrolle scheinbar entziehen. Entledige dich dieser Lasten so schnell wie möglich. Für das Ritual brauchst du **Papier**, eine **schwarze Kerze**, einen **flachen Stein** mit einer Vertiefung in der Mitte für die Kerze, einen Füller mit schwarzer **Tinte** und einen Stempel mit dem Wort «Erledigt», den du beim Schreibwarenhändler kaufen kannst. Salbe die Kerze mit einem Tropfen Pfefferminzöl. Schmücke den Altar mit einer Pfingstrose, der Blume, die am meisten Glück bringt.

Die ideale Zeit, um eine **Pechsträhne** zu **beenden**,
ist gleich nach dem Vollmond. Schreibe auf ein Stück
Pergament oder Briefpapier, wovon du befreit sein willst;
dies ist dein «Befreiungswunsch». Ritze denselben
Wunsch noch einmal auf die Kerze, am besten mit dem
Dorn einer Rose. Zünde die Kerze in der Nähe
eines Fensters an, damit die negative Energie das Haus
verlassen kann. Sing, während die Kerze brennt:

Zunehmender Mond, weise Kybele,
Befreie mich von dieser Last.
In dieser Nacht, so hell und klar,
Entlasse ich – an den lichten Mond.

Lass die Kerze dreizehn Minuten brennen.
Stemple «Erledigt» auf das Blatt Papier. Lösch die Kerze,
falte das Papier, die beschriebene Seite von dir abgewandt,
und leg es unter den Kerzenstein. Wiederhole diesen
Prozess in den folgenden **dreizehn Nächten**.
In der letzten Nacht, die mit dem Beginn
der Neumondphase zusammenfallen sollte, verbrenne
das Papier und vergrabe Kerze, Asche und Stein
fern von deiner Wohnung in der Erde.
Danke dem Mond für seine Hilfe und lass
alles Unglück ziehen.

EDELSTEINE

Ein weiteres Zaubermittel, um «flüssig» zu werden,
besteht darin, **sieben winzige Türkise** in einer
Vollmondnacht sieben Stunden lang auf ein Fensterbrett
zu legen. Nimm dann die Steine in die Hand
und sprich dabei den folgenden Wunsch laut aus:

Glück sei schnell, Glück sei wohlgesinnt,
Dank der glücklichen Sieben ist das Glück mir hold.
Glück und Segen.

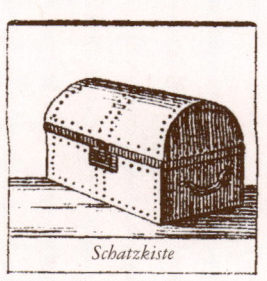

Schatzkiste

Trage die **Glückssteine** in einem leuchtend blauen
Säckchen bei dir und sei darauf gefasst, dass Fortuna dir
zulächeln wird. Du wirst wahrscheinlich Geschenke
erhalten, man wird dir Gefälligkeiten erweisen,
und möglicherweise liegt für dich
buchstäblich das Geld auf der Straße.

GELD UND GLÜCK

ANZIEHEN

Drittes Pentagramm der Sonne:
verhilft zu Anerkennung, Ehre und Reichtum.

GUTE AUSSICHTEN MIT AMULETTEN

Damit ein wichtiges Treffen erfolgreich endet,
trage am besten ein Amulett bei dir.
Das kann ein Säckchen in der Rock- oder Hosentasche sein
oder ein **Medaillon** mit Inhalt.
Fülle dein **Amulett** mit den folgenden **Kräutern**:

MUT
fördern Borretsch oder Königskerze.

UM BETRUG ZU VERMEIDEN
sind Löwenmäulchen angebracht.

EINE STABILE GESUNDHEIT
unterstützt Gartenraute.

GEGEN NERVOSITÄT
hilft getrocknete Schafgarbe und Brennnessel.

UM EINE ANDERE HEXE ZU ERKENNEN
wirken Efeu, Gartenraute, Besenginster,
Ackermennig und Farn am besten.

AUF REISEN
trage zur Sicherheit Schwarzwurz bei dir.

FÜR JUGENDLICHE ENERGIE
ist eine Eichel zu empfehlen.

FÜR STÄRKE UND DURCHHALTEVERMÖGEN
stecke etwas Beifuß in den Schuh.

ÜBERLEGENHEIT
gewährt Waldmeister, das Kraut der Sieger.

EINE HARMONISCHE BEGEGNUNG
erreicht man durch Heliotrop.

DER MAGISCHE KESSEL

Bei Ritualen mit dem «Hexenkessel» geht es
weniger um Krötenbein und Mäusedreck als um
die Reinigung durch **Wasser** und herbe, **aromatische
Kräuter**. Einen **Geldsegen** kannst du heraufbeschwören,
indem du einen großen Topf mit frischem Wasser füllst
und ihn bei zunehmendem Mond auf den Altar stellst.
Platziere eine Opferschale daneben, in die du Milch
und einen Teelöffel Honig gießt. Wirf mehrere Hand voll
getrocknete Kamille, Waldmeister, Moos und
Verbene in den Kessel.

Sprich mit hoch erhobenem Kopf:

Ich rufe euch, ihr Götter und Göttinnen aus alter Zeit,
auf dass ihr meine Börse mit Geld füllt.
Als Tausch biete ich euch goldenen Honig und Milch.
Schaden entstehe keinem, gesegnet mögt ihr sein.
Ich ehre euch, da ihr mir Gesundheit und Wohlstand verleiht.

Stell die Schale als Opfergabe nach draußen und lass sie über Nacht stehen. Was immer die Götter übrig gelassen haben, gieß auf die Erde. Dann neige dich in Dankbarkeit vor der Großzügigkeit der Götter.

GELDBEUTELCHEN

Anstatt Geld und Besitz hinterherzujagen, lässt eine kluge
Hexe beides zu sich kommen. Ein kleiner grüner Beutel,
gefüllt mit **Verbene**, dem Kraut für **positive Veränderungen**, ist ein machtvolles Werkzeug, durch das alles angelockt
wird, was für dich Erfolg und Wohlergehen bedeutet.
Nähe das Säckchen während des zunehmenden Mondes
(möglichst im Sternbild Stier). Halte es über glimmenden
Weihrauch und lass den Rauch über den Stoff streichen,
während du laut dazu sprichst:

Der Mond ist eine goldene Münze, Kybele.

Ich trage deine Fülle bei mir.

Gesegnet seien du und ich.

ERFOLGSTEE

Bergamotte ist nicht nur ein heilendes und energetisierendes Kraut, es verheißt auch **Erfolg**. Wenn du dich niedergeschlagen fühlst und die Taschen leer sind, braue dir eine Kanne Bergamottetee und du wirst sofort spüren, wie sich die negative Energie mit dem Dampf verflüchtigt. Wenn es einer Freundin oder Arbeitskollegin schlecht geht, mach ihr eine Tasse Earl Grey – Schwarztee, der mit der kostbaren Bergamotte aromatisiert ist.

Sollte das Problem tiefer liegen – ausbleibende Gehaltserhöhung, überfällige Rechnungen, allgemeine Verbitterung –, ist eine systematischere Heilung notwendig. Geh vor Sonnenaufgang an deinen Arbeitsplatz. Koch eine Tasse Wasser und lass darin die folgenden getrockneten Kräuter ziehen:

BERGAMOTTE – positive Energie
BASILIKUM – für Gelassenheit
ROSMARIN – für Heilung
ORANGENBLÜTE – für Freude

Lass den Trank abkühlen und verreibe ihn auf den
Fensterbrettern, der Tür und anderen Stellen
an deinem Arbeitsplatz, an denen du, deine Vorgesetzten
und Kollegen davon profitieren können.
Danach sollten sich die Dinge unverzüglich bessern.

RITUAL FÜR
UNBEGRENZTE MÖGLICHKEITEN

Ich weiß nicht, ob es stimmt, dass am Donnerstag geborene Kinder «Sorgenkinder» sind, wie es in einem Reim heißt. Ich bin ein Donnerstagskind und kann das nicht bestätigen. Donnerstag, nach dem mächtigen nordischen Gott Thor benannt, wird traditionell auch mit Jupiter assoziiert, der für **Fröhlichkeit, Ausdehnung** und **Reichtum** steht. Das folgende Jupiter-Ritual wird dir hervorragende Chancen eröffnen.

Zünde an einem Donnerstag bei zunehmendem Mond eine **grüne** und eine **purpurrote Kerze** an. Lege etwas Salbei in eine Muschelschale und stell einen konkav geformten Stein neben eine Vase mit deinen liebsten gelben Blumen. Stell dich mit ausgebreiteten Armen vor den Altar und sprich laut:

Wie oben, so unten,
Frei fließe die Weisheit der Mutter.
Ich gebe mich der Welt der Möglichkeiten hin.
So soll es sein.

MAGISCHES MANDELÖL

Die Verwendung von Mandelöl ist eine einfache Art,
Geld **anzulocken**. Finanzielle Engpässe lösen sich im Nu.
Verreibe etwas Öl auf deiner Geldbörse und
stell dir vor, wie sie sich mit Banknoten füllt. Wenn du
täglich ein, zwei Tropfen Mandelöl auf eine brennende
grüne Kerze träufelst, wird sich dein Geld langsam
vermehren. Mandelöl wirkt schnell, weil es von Merkur,
dem Gott der Geschwindigkeit und Kommunikation,
regiert wird, der sich im Element Luft fortbewegt.

Während die mit Mandelöl gesalbten Kerzen brennen,
rufe zu Merkur:

Geflügelter, bringe mir bessere Tage.
Segen werde allen gewährt, und mögen sie
Teilhaben an der kommenden Fülle.

Andere **Blütenessenzen**,
die Wohlstand und Erfolg begünstigen, sind:

DIE NELKE,
die Blume des Jupiter, die seine Kräfte enthält,
kann Heilung, Lebenskraft und Glück schenken.

DIE KAMILLE

soll Erfolg im Glücksspiel sichern.

DER ZIMT

ist der Venus heilig und bringt Glück.

DAS GEISSBLATT

verhilft zu tieferer Erkenntnis
und schöpferischer Inspiration und ist eines der
wirksamsten Öle, wenn es um Geld geht.

DIE SCHÄTZE
DER NATUR

Das Siegel des Antiquelis aus dem Buch Mose:
verleiht großen Reichtum und Ehre und
fördert die Gesundheit.

ZAUBERSTAB

Wohlstand und **Reinigung** gehen Hand in Hand.
Eines der besten Reinigungskräuter, Salbei, findet man
am Wegesrand und auf kargen Böden. Zwar kann man
Salbei in Lebensmittelgeschäften und Gärtnereien kaufen,
doch empfehle ich immer, ihn selbst zu ziehen und
zu ernten. Der aromatische Salbei trocknet rasch und kann
mühelos zu dicken «Zauberstäben» zusammengebunden
werden, die man am besten in einem feuerfesten
Tonbehälter aufbewahrt.
Für diese Räucherbündel umwickle einen getrockneten
Salbeistengel neunmal mit grünem und goldenem Faden,
wobei du nach jeder Windung einen Knoten machen
musst. Lasse Platz für einen Griff am unteren Ende.
Dort wickelst du die Fäden noch dreimal um den Stengel

und verknotest sie. Dies ehrt die Musen und gefällt den Schicksalsgöttinnen, die unsere Lebensfäden in den Händen halten. Benutze deinen Zauberstab, wann immer du etwas reinigen willst, vor allem, wenn du umgezogen bist, bei einer neuen Arbeitsstelle anfängst, ein neues Auto fährst oder gebrauchte Kleider oder Möbel gekauft hast. Dadurch werden die **Energien** entfernt, die möglicherweise noch von vorherigen Besitzern anhaften.

Zünde das Räucherbündel an und lass es über dem Bereich oder den Gegenständen kreisen, die gereinigt werden sollen. Sprich dazu laut:

Großer Geist, mit diesem Rauch bitte ich
Um Deinen Schutz und Segen.
Hinaus mit dem Schlechten, herein mit dem Guten.
Schaden erwachse keinem.

SALAT AUS WILDKRÄUTERN

Als Religion der Erde beruft sich die Hexenkunst
auf ihre **Verbindung** zur **Umwelt** und fördert
großen Reichtum zu Tage. Bei dem folgenden alten
Zauberspruch zur **Erdung** wird dreimal hintereinander
bei Neumond das Blatt einer Pflanze gegessen,
die in deiner Umgebung wild wächst. Sei aber vorsichtig,
kaue weder giftige Pilze noch Rhododendronblätter,
sonst riskierst du, ernsthaft zu erkranken. Am sichersten
ist das «Salatkraut» Löwenzahn, das in manchem
Garten wächst. Rezitiere vor dem Essen:

Grüne Göttin, gib mir Kraft;
Durch diese Nahrung bin ich offen und empfänglich.
Dank sei dir für alles Grüne.

EDELSTEINE WEIHEN

Steine, Kristalle und Juwelen gelten als die reinste Form
von **Reichtum** aus der **Natur**. Wann immer du ein neues
Schmuckstück bekommst oder deine Wohnung oder deinen
Garten mit Steinen dekorierst, zeige Dankbarkeit für diese
Gabe der Natur. Streue Thymian, Ringelblumenblüten
und gemahlenen Zimt auf den Gartenweg und auf
die Schwelle der Haustür. Verbrenne die Mischung auch in
dem Räuchertiegel auf deinem Altar und singe dazu:

Dank sei Dir, Mutter Natur,
Für die Kraft und Fülle deiner Steine und Gebeine.
Heute und immer erstrahlt deine Schönheit.
Glück und Segen.

TALISMAN AUS DER NATUR

Talismane sind Zauberhilfen, die du bei dir tragen kannst,
um Unglück abzuwenden und das **Positive** anzuziehen.
Einen hübschen, altmodischen **Fetisch** kannst du leicht
selbst aus den Beständen von Küche und Garten herstellen.
Fülle in einer Neumondnacht ein goldenes Beutelchen
aus Samt oder Seide mit getrockneter Rose, Akazie
und Nelke. Lege zuletzt einen kleinen Magnet dazu und
nähe den Beutel mit goldenem Faden zu. Halte ihn
über brennenden Weihrauch und weißen Salbei
und meditiere, um dein Werk zu reinigen. Visualisiere
Segnungen für dich selbst und die Menschen, die du liebst.
Trage den Glücksbringer stets bei dir.

DIE ERNTE EINBRINGEN

Die Gegend um San Francisco ist im Frühjahr und
Sommer besonders bezaubernd, denn entlang der Straßen
und in jeder Wegritze wachsen Mohnblumen. Kein
Wunder, dass Kalifornien zu den reichsten Gegenden der
Welt gehört. Schon in alter Zeit wurde die **Mohnblume**
wegen ihrer Fähigkeit, **Geld anzulocken**, verehrt.
Wenn du einen Garten, eine Wiese oder einen Balkon
besitzt, kaufe Mohnsamen und streu diese auf die Erde.
Zwei Monate später hast du die herrlichsten Wildblumen.

Ernte die getrockneten Samenkapseln und
hebe einige davon auf. Nimm die übrigen und lege sie in
ein winzig kleines grünes oder goldenes Stoffsäckchen.
Segne dieses mit den Worten:

Mohnblume, golden wie die Sonne,
Dank sei dir für mein neu gewonnenes Glück.

Nähe das Säckchen zu und trage es in deiner Hosentasche,
Handtasche oder Brieftasche.

Die Kraft der Mohnblumen

Nimm eine getrocknete Samenkapsel und leere die Samen
auf den Boden. Schreibe auf einen winzigen Streifen
Papier die Frage, wie du dein Leben **sinnvoll** und **erfüllt**
lebst. Schlaf mit den Kapseln und dem Papier
unter dem Kopfkissen. Du wirst prophetische Träume
haben, die deine Frage beantworten. Dies wirkt am besten,
wenn der Mond im Zeichen der Fische steht.
Leg ein Traumjournal neben das Bett und schreib deine
Träume sofort nach dem Aufwachen nieder.
Tu dies jeden Morgen, und du wirst die Quellen der
inneren Weisheit finden.

DIE WOCHENTAGE

Jeder Wochentag enthällt spezielle Eigenschaften,
die Erfolg und Wohlstand beeinflussen können.

MONTAG

*Das Wort kommt von Mond-Tag – der Tag wird beherrscht von
der Mondgöttin, die als Diana, Kybele, Artemis und Selene
bekannt ist und mit allen Blautönen von Saphir bis schimmerndem
Perlmutt assoziiert wird. Es ist der Tag für Intuition, Reflexion
und Liebe, vor allem Liebe zum eigenen wahren Wesen.*

DIENSTAG

*Dies ist der Tag des Mars Thingsus, dem Gott des Krieges und der
Tatkraft mit den Farben Rot und Rosa. Dieser Tag ist glück-
verheißend für alle Unternehmungen, die mit Wohlstand, Wahrheit,
Neuanfängen und starken, zielgerichteten Energien zu tun haben.*

MITTWOCH

*Ist ursprünglich der Tag Wotans, gilt aber auch als Tag
des geflügelten Götterboten Merkur, dessen Farbe Gelb ist. Es ist
ein geeigneter Tag für Interaktion und Beginn; er fördert
Einfallsreichtum, Motivation und Magie. Mittwochs kann man
gut etwas verkaufen oder eine Investition tätigen.*

DONNERSTAG

*Der Tag des Thor, wird beherrscht vom römischen Gott
Jupiter, der über Vergnügen, Familie und Glück herrscht.
Purpurrot oder Lavendel sind die Farben dieses Tages.
Auch der Yoruba-Göttin Oshun ist der Donnerstag heilig, und er
steht für Stärke, Freude, darstellende Künste, Extravaganz
und Durchhaltevermögen. Es ist der optimale Tag für
neue Ideen und Kontakte.*

FREITAG

Bekannt als Tag der Freya, ist der Venus zugeordnet.
Seine Farbe, Grün, wird mit Fruchtbarkeit, Liebe, Natur,
Fülle und Sexualität assoziiert. Der Freitag ist ein guter Tag,
um eine Gehaltserhöhung zu verlangen.

SAMSTAG

Gehüllt in Schwarz, Weiß oder Grau, ist dies der Tag des
obersten Richters Saturn. An diesem Tag sollten wir Rückschau
halten, Erledigungen besorgen, persönliche Angelegenheiten regeln
und den Tag mit einem festlichen Essen mit Freunden und
Familienangehörigen beenden.

SONNTAG

Ist der Tag der Sonne, als deren Farben Gold, Orange und
strahlendes Weiß gelten. Dies ist die Zeit, um auszuruhen und zu
regenerieren, kreativ zu sein und die Früchte des Lebens zu genießen.
Sonntag ist der Tag, um nach Ruhm und Reichtum zu streben.

DANKBARKEIT ZEIGEN

Siegel für das Erlangen von Zielen:
fördert die sofortige Vollendung
aller erstrebten Werke.

DIE REICH GEFÜLLTE SCHALE

Dankbarkeit führt zu **Zufriedenheit** und **Freigiebigkeit**
und kann dir das tägliche Leben sehr erleichtern.
Geben und nehmen wird kinderleicht, wenn du nur
entdeckst, was du schon alles hast.
Nimm die größte und schönste Glasschale oder Vase,
die du besitzt, und stell sie auf einen Tisch im Flur oder an
einen anderen Ort, an dem du immer vorbeikommst,
wenn du deine Wohnung betrittst. Zünde daneben
eine grüne Kerze an und sprich:

Goldene Schale voller Anmut,
Bring guten Willen und Gaben an diesen Ort.
So soll es sein.

Immer wenn du nach Hause kommst, leere deine Taschen und deine Brieftasche und leg das **Kleingeld** in die Schale. Du wirst verblüfft sein, wie viel in kürzester Zeit zusammenkommt. Wenn die Schale voll ist, bring den Inhalt zur Bank und wechsle ihn in Scheine. Nimm die Hälfte und gönne dir etwas, das dir Freude macht; spende die andere Hälfte einer wohltätigen Einrichtung. **Großzügigkeit** wächst und kehrt zehnfach vermehrt zu dir zurück. Sei darauf gefasst, dass dir alle möglichen Arten von Reichtum begegnen werden.

DER GABENBAUM

Im keltischen Volksglauben gab es **Wunschbäume**,
und die Taoisten nannten sie Geldbäume – in jedem Fall
kann man sie als Gabenbäume bezeichnen.
Pflanze einen solchen Baum in deinen Garten oder
in einen großen Kübel. Wenn du keinen Balkon oder
Garten besitzt, tut es auch ein möglichst großer
Feigenbaum in einem grünen Keramikübertopf. Wähle
einen der folgenden magischen Bäume als deinen
persönlichen Gabenbaum:

WEIDE – *zur Heilung gebrochener Herzen*

APFELBAUM – *für Hellsehen und Zauberei*

KIRSCHBAUM – *für Liebesbeziehungen*

EICHE – *für Stärke und Lust*

PFIRSICHBAUM – *für Liebeszauber*

OLIVENBAUM – *für Frieden*

ESPE – *für Sensitivität*

EUKALYPTUS – *für Reinigung*

Schreibe deine **Wünsche** auf kleine Papierröllchen und vergrabe diese in der Erde. Immer wenn du den Baum gießt, rücken deine Wünsche ein Stück näher ans Ziel. Wenn du auf Glück, günstige Umstände oder gute Erfolgsaussichten hoffst, hänge beim Wünschen kleine Talismane an den Baum – bunte Bänder, Edelsteine, alles, was dich inspiriert. Immer wenn du einen Talisman hinzufügst, musst du dafür einen anderen abhängen. Erst wenn der Gegenstand wieder entfernt wird, kann sich dein Wunsch erfüllen.

DANKBARKEITSFEIER

Wahrer **Überfluss** entsteht, wenn du dich auf
das konzentrierst, was du hast, und nicht auf das,
was dir fehlt. Hier ist ein Ritual, mit dem du jeden Tag
ein wenig feiern kannst: Nimm dir beim Aufstehen
etwas Zeit, über die guten Dinge in deinem
Leben nachzudenken. Danach sprich laut:

Heute wie an jedem Tag sehe ich den Reichtum im Leben,
Und ich danke Dir, Göttin,
Für alle Gaben und alle Schönheit in meiner Welt.
Dir zu Ehren gebe ich heute etwas zurück.
Glück und Segen.

BEKENNTNIS ZU INNEREM REICHTUM

Halte dir während dieses Rituals deinen inneren Reichtum
vor Augen und bekenne dich zur Gegenwart des
Großen Geistes. Empfinde Dankbarkeit für deinen Körper
und deine Gesundheit. Stelle dich nackt vor einen Spiegel
und verzichte auf jegliche Selbstkritik. Konzentriere
dich auf die wahre **Schönheit** und umgib dich
mit bedingungsloser **Liebe** zu dir selbst. Schlinge
die Arme um dich und sage:

In ihrem Ebenbild bin auch ich eine Göttin.
Ich wandle in Schönheit, von Liebe umgeben.
Glück und Segen.

Zünde drei Kerzen in deiner Lieblingsfarbe und mit deinem Lieblingsduft an. Setz dich vor den Altar und meditiere darüber, wie du dein volles **Potential** ausschöpfen kannst.

Solltest du mehr auf deine Gesundheit achten? Dir einen Urlaub gönnen? Schöpfst du deine Kreativität voll aus? Konzentriere dich und schreib drei Wünsche auf, die du unter die drei Kerzen legst. Wiederhole an sieben Tage den folgenden Zauberspruch:

Heute richte ich mich auf. Bei Nacht öffne ich mich
Meiner Heiterkeit, meinem Glanz,
meiner Großartigkeit und Weisheit.
Glück und Segen.

SEGEN DES WINDES

Dankbarkeit kann man auch dann empfinden,
wenn man offen wird für die vielen **Möglichkeiten**, die
buchstäblich auf der Straße liegen. Wenn du zum Beispiel
eine **Vogelfeder** siehst, solltest du sie aufheben und in die
Tasche stecken, denn das bedeutet einen ganzen Tag
Glück. Durch den Blick zum Himmel kannst du
Erkenntnisse gewinnen, wenn du Folgendes beachtest:

Vögel zur Rechten sind ein Zeichen für Heil.
Vögel zur Linken verheißen nichts Gutes.
Drosseln, so heißt es, stehen für Glück.
Kardinäle und andere rote Vögel machen Wünsche wahr.
Adler sind Boten des Erfolgs.
Enten bedeuten neue Liebe.

Aus dem Mittelalter stammt dieses kleine **Geheimnis**. Weise Frauen lehrten ihre Kinder, auf fallende **Blätter** Acht zu geben. Eines in der Luft zu fangen bringt besonders viel Glück von Mutter Erde. Trage es einige Monate bei dir und du wirst von Unglück verschont bleiben und unsichtbaren Lohn erhalten. Wenn du besonders gesegnet bist und mehr als ein Blatt fängst, gib es dem Menschen, der dir am nächsten steht. Du wirst mit ihm durch Liebe und Erfolg verbunden bleiben.

Weitere Bücher der Hexe Bree

Talisman, um Reichtum zu erlangen

Guter Zauber

für

Glück in der Liebe

Scherz

ISBN: 3-502-12400

Guter Zauber

für

innere Stärke

Scherz

ISBN: 3-502-12403

Guter Zauber

für

beste Gesundheit

Scherz

ISBN: 3-502-12402

ILLUSTRATIONEN

Die Illustrationen in diesem Buch stammen

aus den folgenden Quellen:

Vorsatz, S. 45: *Old English Cuts & Illustrations for Artists and Craftspeople*
by Bowles & Carver © 1970 Dover Publications, Inc., New York.
S. 1, 22, 89, 96: *Witchcraft, Magic & Alchemy* by Grillot de Givry
© 1971 Dover Publications, Inc., New York.
S. 19: *The Complete Encyclopedia of Illustration* by J. G. Heck
© 1979 Crown Publishers, New York.
S. 17: *Beasts & Animals in Decorative Woodcuts of the Renaissance*
by Konrad Gesner © 1983 Dover Publications, Inc., New York.
S. 21, 47, 63, 77: *Secrets of Magical Seals* by Anna Riva
© 1975 International Imports, Los Angeles.
S. 81: *The Plant Kingdom Compendium* by Jim Harter
© 1988 Bonanza Books, New York.

BRENDA KNIGHT

Brenda Knight alias Hexe Bree befasst sich seit ihrer
Jugend mit Zauberei, Astrologie und dem Studium
mittelalterlicher Bräuche. Sie leitet Retreats und Wicca-
Workshops und lebt in San Francisco.

MARGO CHASE

Margo Chase wurde für ihre Arbeit als grafische Designerin als eine der vierzig kreativsten Künstlerinnen der USA ausgezeichnet. Sie arbeitet für die Buch- und Filmbranche. Sie hat das Konzept und die Collagen für dieses Buch entworfen.

Die Informationen, die in diesem Buch vermittelt werden, stellen die subjektive Meinung beziehungsweise die Erfahrung der Autorin dar und wurden nach bestem Wissen und Gewissen aufgezeichnet. Eine Haftung der Autorin und des Verlags für etwaige Schäden, die sich aus dem Gebrauch oder Missbrauch des in diesem Buch präsentierten Materials ergeben, ist ausgeschlossen.